FÊTE

DE LA VIELLESSE.

DÉPARTEMENT DE LA SEINE,

CANTON DE PARIS,

CINQUIÈME ARRONDISSEMENT.

Dix Fructidor, an VII de la République française, une et indivisible.

« L'heureuse Vieillesse est une couronne
« de gloire et de confiance qui ne se trouve que
« dans les sentiers de la justice. »

Vies de **PLUTARQUE** , *Tome IV*,
Comparaison entre *MARIUS* et
PYRRHUS.

DISCOURS

Prononcé par le Président de l'Administration Municipale du cinquième Arrondissement,

A LA FÊTE DE LA VIEILLESSE.

Punctnm est quod vivimus et adhuc puncto minùs.

(*Sénèque* , *Epit. L.*)

Le temps que nous vivons, est un point moins qu'un point.

CITOYENS,

LA fête de la Vieillesse est une de celles que nous devons le plus particulièrement célébrer, et nous en trouverions le principe au fond de nos cœurs, s'il n'existait pas déjà dans nos Institutions Républicaines.

L'Enfance est le premier point de la vie, la Vieillesse en est le dernier. Entre ces deux extrémités, que de points ont été tracés ! Ils sont immenses, innombrables pour notre faible vue ! Aux yeux de la Divinité, ce n'est encore qu'un point! Nous qui sommes bornés dans nos perceptions, ne franchissons point l'éternité des tems, servons-nous des organes qui nous sont propres, et portons le plus grand, le plus profond respect au Vieillard vénérable qui, bravant la faulx destructrice, les peines de la vie, et les chagrins amers dont son cœur n'a pas manqué d'être la proie, s'est avancé majestueusement jusqua' nous pour nous servir d'encouragement et de leçon.

On peut juger de la législation d'un peuple, de ses qualités morales, de ses vertus domestiques, de ses mœurs privées et publiques, par le plus ou moins de respect qu'il a pour la Vieillesse.

Un grand faisait courir un chien danois devant sa voiture; le chien renverse un Vieillard; le noble affairé n'y prend pas garde. Le lendemain, il apprend que l'homme renversé est *Jean - Jacques Rousseau*, il a quelque regret de ce qui s'est passé; il envoie un valet demander à l'Auteur du *Contrat Social*, ce qu'il pouvait faire pour lui? *Tenir son chien à l'attache, répond le Philosophe de Genève.*

Cette insouciance, ce manque d'égard de Saint - Fargeau, annonçaient l'état d'avilissement auquel le Peuple était parvenu , et quel serait le règne de *Louis XVI.* Le respect pour la Vieillesse est une de ces traditions utiles qui se sont perpétuées d'âge en âge. Si nous remontions à la domination patriarchale , que d'exemples précieux viendraient s'offrir en foule ! Sans doute , un Patriarche se trouvait de droit le chef de sa famille , mais par une déférence , que l'habitude renforçait tous les jours , il était encore le chef de la société. L'expérience , ce guide de la vie , cette science dont l'impétueuse jeunesse ne connait pas même les premières notions , est toujours le partage de l'âge avancé. Qui peut nier cette maxime de véritable et de saine politique ?

C'est la sagesse des Vieillards qui fait la force des Etats.

Ecoutons parler , à cet égard , l'un des hommes les plus expérimentés et les plus recommandables de l'Antiquité , de cette Rome fameuse , qui a donné quelquefois de si beaux exemples à la terre ! Voilà ce que disait Caton l'ancien , l'aïeul de celui qui immortalisa Utique par son trépas.

« Ce qui décide les grandes affaires ,
» ce n'est pas la force, la vitesse, l'agi-
» lité du corps; c'est la prudence, l'au-

» torité, un avis ouvert à propos. Or cette
» espèce de mérite, loin de périr, aug-
» mente pour l'ordinaire avec l'âge. J'ai
« long-tems fait le métier des armes en
» qualité de soldat, de tribun, de lieu-
» tenant, de consul. Aujourd'hui, parce
» que je ne vais plus à l'armée, me
» croyez-vous inutile ? Je ne marche pas
» en personne ; mais le Sénat apprend
» de moi en quels lieux il doit porter la
» guerre et comment. Vous trouverez
» dans les histoires étrangères, que les
» plus grandes Républiques ont été ren-
» versées par des jeunes gens, soutenues
» et rétablies par des Vieillards. » (1).

Oui, la sagesse est le partage des Vieillards. Rendons-nous près d'eux, méritons leur confiance, engageons-les à nous prodiguer leurs leçons. Heureux quand ils veulent bien nous les donner, plus heureux encore quand nous sommes faits pour en profiter !

Nous voyons que ce respect est aussi ancien que l'origine des sociétés. Par une pente insensible, accrue par de nouveaux desirs, les hommes se sont inévitablement éloignés de la vie agricole, ils

______

(1) Cicéron, *de Senectute*, Chapit- *VI*.
Traduction de D'OLIVET.

ont porté dans l'enceinte des villes plus d'industrie, plus d'intelligence, il faut le dire aussi plus de besoins ! Dans les travaux des cités, le Vieillard est devenu moins nécessaire, il a perdu sa considération physique ; mais il a conservé du moins sa considération morale. Comme l'ambition n'est point étrangère à la Vieillesse, elle a souvent saisi l'encensoir, afin d'obtenir, au nom de la Divinité, un respect et des hommages, qui nous paraissent bien plus recommandables, quand ils sont prescrits au nom de la Nature.

Les Mages de l'Egypte, étaient des Vieillards, les Magistrats l'étaient aussi. Nous nous plaisons à le dire, c'était là que la Vieillesse était dignement honorée ! Ces institutions si belles passèrent avec les arts, du sein de la fertile Egypte, sur le sol de la Grèce. La Vieillesse y fut dans une haute considération ! Il est vrai que l'estime qu'on y avait pour l'Agriculture, semblait y tenir le premier rang, mais c'était évidemment rentrer dans le même cercle. Les Agriculteurs étaient des Vieillards : et ce *Triptoléme*, dont ils tenaient l'art précieux de nourrir les humains, fut luimême un Vieillard, lorsqu'il le leur enseigna. Il faut avoir vécu pour être utile aux hommes. *Le savoir est le fruit de l'expérience.*

Manquer à la Vieillesse était, dans la Grèce, un crime capital. Des jeunes gens de Clazomène osent, dans un moment d'ivresse, souiller la place des Ephores; Sparte entière est en allarme, comment punir un pareil attentat? Le sang doit-il couler? L'hospitalité s'y refuse. L'insolence doit-elle être méconnue? la dignité magistrale s'y oppose. L'arme froide du mépris est la seule dont on se sert. *Il est permis aux jeunes gens de Clazomène d'insulter la vieillesse.* Ces mots écrits sur le lieu du délit, réparent l'affront. Les coupables sont connus, ils sont voués à l'infamie, leurs propres compatriotes les fuient. Voilà l'empire des mœurs, quelques mots lui suffisent. Quand ces mœurs s'altèrent, il faut des loix. Les unes augmentent de sévérité à mesure que les autres se relâchent, et cette progression inverse est déjà un malheur pour l'Etat!

Le plus grand génie qui ait jamais existé, le premier Historien-Poète de la Grèce, et peut-être du monde entier, *Homère*, qui connaissait si bien le cœur humain, pour prouver à quel point

Achille était irrité contre Agamemnon, le fait résister à l'éloquence, et sur-tout au grand âge de Nestor. Le Souverain de Pylos a ému le cœur du fils de Pélée, mais il ne l'a point changé. Rien ne peint mieux, d'après les mœurs grecques, le caractère irascible d'Achille.

Un autre Vieillard fut plus heureux auprès de lui; mais quel bonheur que celui d'un père qui vient supplier le meurtrier de son fils de lui rendre son cadavre inanimé! Néanmoins, il était vieux, sa prière fut exaucée.

Ces exemples parlaient aux Grecs. Ils se piquaient, par humanité et par principe, d'honorer la Vieillesse. Chez eux elle était le fruit d'une vie sobre et pure, et se trouvait souvent unie aux plus grands talens.

Les Sages, les Pontifes, les Philosophes, les Orateurs, poussaient leur carrière loin du terme ordinaire de la vie, et semblaient se jouer, sur les bords du cercueil, et de la dégradation des organes, et des maux attachés au grand âge!

Platon, l'immortel Platon, s'éteint plein de sens et de raison, à quatre-vingts ans. Isocrate donne le même exemple de longévité. Gorgias, son maître, ne meurt que sept années après avoir passé cent ans.

Des fils ingrats, qui comptaient avec l'œil de l'avidité, les jours de leur père, plus qu'octogénaire, l'accuseut devant l'Aréopage, ils le taxent d'imbécillité, et demandent qu'il soit interdit. Le Vieillard indigné, paraît devant ses juges, il ne blâme point ses fils, il ne se justifie point. Il tire un manuscrit de son sein, il lit : les Juges, les spectateurs, fondent en larmes ; tout le monde applaudit à l'inimitable pièce d'*Œdipe - Colonne* ; Sophocles est reconduit au bruit de nombreuses acclamations, et cette fois le génie triomphe de l'ingratitude.

Dans Rome aussi, la Vieillesse fut honorée. Les Vieillards avaient la première place au théâtre. Hélas! il n'appartenait qu'à des barbares d'immoler ces vieux Sénateurs qui attendaient dans le *forum* les Gaulois triomphans. Cet attentat a souillé d'un éternel opprobre la gloire de Brennus.

Les Gaulois respectaient pourtant les Vieillards, mais lorsqu'ils étoient du collége des Druides. C'était plutôt une superstition, qu'une légitime vénération : c'était le caractère, et non pas l'homme, qui obtenait de la considération. Malgré les défauts, les vices des Peuples guerriers, une sorte de respect n'a jamais cessé d'entourer la Vieillesse. Quelle en est la raison ?

Un instinct naturel nous porte à lui rendre nos hommages, parce que nous nous flattons, par-là, de pouvoir en obtenir autant à notre tour. Ce sentiment tient peut-être à l'égoïsme (passion secrette dont on sent l'effet avant qu'elle soit définie.) Loin d'éteindre l'égoïsme, qui peut venir d'une pareille source, il serait important de le faire naître, s'il n'existait point : c'est une belle gloriole que la gloriole des vertus ! Apprenons tout à nos enfans, n'oublions pas la morale. L'instruction directe et dépourvue d'une certaine magie, est froide et rebutante. Sachons obvier à ces inconvéniens. Parlons aux yeux aussi-bien qu'aux cœurs. Donnons des fêtes nationales, où la Vieillesse, convenablement placée, attire les premiers regards. Donnons une fête particulière à ces membres respectables de la société.

Citons leurs noms, leur courage, leur longanimité, leurs vertus, leurs belles actions ; félicitons-les d'avoir été bons amis, bons fils, bons époux, bons pères, et sur-tout bons Citoyens. Déposons à leurs pieds des guirlandes de fleurs. Remercions-les d'avoir vécu.

L'heureuse Vieillesse est une couronne de gloire et de confiance qui ne se trouve que dans les sentiers de la justice.

Honneur à la Vieillesse.
Elle vient du Ciel.
Elle est notre modèle.
Elle embellit la Terre.

Recevez aussi, plus particulièrement, notre hommage, vous qui naquîtes par-delà le Tropique, sous le ciel de l'esclavage. Votre berceau fut placé sous Louis XIV; vous gémîtes sous le code Noir, ouvrage de ce prince. Le fouet du Nègre commandeur a souvent sifflé à vos oreilles, aujourd'hui, vous vivez sur la terre de la Liberté. Vos frères aussi sont libres. La couleur de vos fronts n'est plus un outrage. Vous êtes nos égaux, puisque vous pensez, et que la Nature vous a donné un cœur.

Vous avez vu passer cent-vingt hivers, et vous ne semblez pas encore, à nos yeux, éprouver celui de la vieillesse! Quel exemple étonnant! Nous tomberions à vos pieds, si l'égalité ne le défendait point. Vous êtes seule, peut-être, sur la terre, et dans le moment où nous célébrons la fête de la Vieillesse, nous ne pouvons nous empêcher de couron-

ner en vous, la Doyenne du Genre-
humain (1).

Les fêtes du Christianisme étaient in-
signifiantes: c'était-là leur moindre dé-
faut. Elles ne disaient rien à l'ame, et
ne convenaient point à l'esprit, puis-
qu'elles n'inculquaient que des erreurs
et des sottises. Les Fêtes Républicaines
ont, au contraire, tout le charme et
tout l'intérêt que demande la Philoso-
phie. Elles concourent aux institutions
civiles. Elles apprennent à les connaî-
tre, à les aimer. Elles appellent les
mœurs, et c'est en épurant les nôtres,
que nous serons dignes d'être vieux un
jour. Que ce bonheur, si nous devons le
goûter, n'ôte rien à la vivacité de nos
sentimens. Amassons, dans le tems de la
virilité et de la raison, de quoi nous

____

(1) La Citoyenne ANDOTTE (Jeanne), Améri-
caine, femme de couleur, née aux petites Antilles,
Isle Saint Christophe, en 1676 ou 77, âgée de cent
vingt ans passés; voyant parfaitement, entendant
de même, lisant sans lunettes, saine de sens et de
jugement, et supérieure de beaucoup à son grand âge.

Elle est reçue au nombre des Pensionnaires, à
l'Hospice dit des Vieillards, fauxbourg Martin, cinquième Arrondissement du Canton de Paris, divi-
sion de Bondy.

Elle ne jouit que d'une foible pension sur l'Etat.

suffire à nous - mêmes dans la vieillesse, et de quoi nous faire supporter
des autres.

*Jeunes Epoux, soyez amans, sous les
glaces de l'âge.*

Jeunes Guerriers, méritez des Dieux
la faveur de vous reposer dans le temple
de Saturne des fatigues de Mars.

Jeunes Savans, faites tourner au pro-
fit de la liberté, les talens qui vous res-
teront dans l'hiver des ans.

Républicains de tous les états, de tout
sexe, de tout âge, ne formons qu'un
faisceau formidable, indestructible. Unis-
sons nos bras comme nos cœurs. Jurons
de vivre libres ou de mourir, Jurons de
protéger, de défendre ces respectables
Vieillards, contre ces brigands du Nord,
qui n'ont remis le pied en Europe, que
pour la couvrir de meurtres et de forfaits.

Jurons de les défendre contre ces autres brigands de l'intérieur, qui appellent, le poignard à la main, le monstre
de la royauté et celui de la superstition. Ne souffrons pas que ces bons Vieillards, que nous contemplons avec respect, soient massacrés à nos yeux, que
leurs membres soient épars sur les che-
mins, que leurs crânes sanglans servent
de coupe aux cannibales contre-révolu-

tionnaires. Mourons, s'il le faut, mais mourons les armes à la main ; faisons un rempart de nos corps à ces hommes privilégiés que le trépas a respectés, et que nos ennemis, si le Destin a sonné notre dernière heure, disent en frémissant : Ils furent braves, Républicains et amis de la Vieillesse.

La liberté ou la mort!
Vive la République!

Le neuf Floréal de l'an VII, à neuf heures du soir, le Gouvernement Autrichien a fait assassiner, par ses troupes, les Ministres de la République Française, chargés par le Directoire exécutif de négocier la paix à Rastadt.

Guerre, guerre au Gouvernement Anglais.

Mort à l'Autriche.

Vengeance! vengeance!

Pelletié, Imprimeur, rue Française, n°. 3,